»because of books«

Das Projekt-Prinzip:
einfach. effektiv. produktiv.

Mina Homann

»because of books«

Bibliografische Information der Deutschen Nationalbibliothek:
Die Deutsche Nationalbibliothek verzeichnet diese Publikation
in der Deutschen Nationalbibliografie; detaillierte bibliografische
Daten sind im Internet über dnb.dnb.de abrufbar.

TWENTYSIX – Der Self-Publishing-Verlag
Eine Kooperation zwischen der Verlagsgruppe Random House und
BoD – Books on Demand

2. Auflage
© 2019 Mina Homann

Herstellung und Verlag:
BoD – Books on Demand, Norderstedt

ISBN: 978-3-740-75445-7

Umschlaggestaltung: © Erdin Design
Lektorat: C. S. Becher

»Aller Eifer, etwas zu erreichen, nutzt freilich gar nichts, wenn du das Mittel nicht kennst, das dich zum erstrebten Ziele trägt und leitet.«

Cicero

Inhalt

Basics	9
Glücklich sein durch Handeln	19
Produktiv sein in einer Welt, in der alles vorgesetzt wird	20
Leidenschaften entdecken und leben	26
Input holen und nutzen	34
Tipps und Tricks für mehr Aktivität	39
Zeit finden ohne Zeit zu haben	40
Ändern von Gewohnheiten	46
Vermeiden der Perfektionsfalle	52
Keine Lust und Muße	59
Gut Ding will Weile haben	63
Abschließende Worte	70
Die Autorin	72

Basics

Was ist das Projekt-Prinzip?

Sie teilen Aufgaben, die Ihnen am Herzen liegen, in Projekte ein und beschäftigen sich regelmäßig mit ihnen.

Für was ist das Prinzip gut?

Das Projekt-Prinzip fordert Sie heraus, Ihr Leben in die Hand zu nehmen. Ihr Alltag erhält neuen Schwung. Sie entdecken Ihre Kreativität und Schöpfungskraft. Sie erschaffen Neues und finden heraus, welches Potential in Ihnen steckt. Erfolgserlebnisse sind real und greifbar. Durchhaltevermögen und Selbstbestimmung werden von nun an zu Ihrem Leben gehören.

Sich zu überwinden und seine Talente zu erkunden, ist nie einfach. An sich selbst und seine Fähigkeiten zu glauben, auch nicht. Das Internet tut heutzutage sein Übriges. Wie viel bequemer ist es doch, sich durch Surfen und Social Media abzulenken. Tätigkeiten, die Sie sonst begeistert haben, geraten in Vergessenheit. Sie konsumieren mehr als Sie erschaffen. Diese Verhaltensweisen führen zu Trägheit und Unzufriedenheit. Das Projekt-Prinzip hilft Ihnen, Ihre Leidenschaften zu entdecken und sich für Größeres zu motivieren. Sie planen und führen Projekte durch, die Sie aktiv und produktiv machen. Befolgen Sie das Projekt-Prinzip, ist Ihr Alltag um einiges einfacher, erfüllter und ergiebiger. Ihre Gewohnheiten ändern sich. Sie finden Zeit, sich Anliegen und Aufgaben zu widmen, die Ihnen wirklich wichtig sind. Ein bewusstes Leben mit Projekten, die Ihnen Freude und Zufriedenheit schenken. Dieses Vertrauen in Ihre Fähigkeiten wirkt sich auf alle anderen Bereiche Ihres Lebens aus.

Wie fange ich an?

Zunächst entdecken Sie Ihre Leidenschaften. Stellen Sie sich folgende Fragen:

> Was begeistert Sie?
> Was könnten Sie erschaffen?
> Was möchten Sie erleben?

Die Themengebiete Ihrer Leidenschaften können alles Mögliche sein. Neue Vorlieben, die Sie zum ersten Mal in Angriff nehmen. Oder welche aus Ihrer Vergangenheit, die Sie wieder für sich entdeckt haben.

Aber warum Leidenschaften?

Das Projekt-Prinzip beruht auf Themen, die Sie begeistern und zu denen Sie sich hingezogen fühlen. Sind Sie bei einer Angelegenheit leidenschaftlich dabei, haben Sie Lust, dafür etwas zu tun. Sie wollen die Entwicklung Ihrer Idee und den Fortschritt Ihrer Aufgabe miterleben. Ihre Produktivität steigert sich dadurch wie von selbst.

Und dann?

Sind Sie sich Ihrer Leidenschaft bewusst, folgt als nächstes die Projektplanung. Je nach Leidenschaft haben Sie die Wahl, wie Sie Ihr Vorhaben gestalten wollen. Sie können eine Liste mit den Dingen erstellen, die Sie besorgen und beachten müssen. Sie schreiben auf, wie Sie vorgehen möchten und welchen Zeitraum Sie einplanen müssen. In Ihren Gedanken malen Sie sich bereits aus, wie das fertige Projekt aussehen wird.

Wieso aber Projekte?

Das Projekt-Prinzip bringt viele Vorteile mit sich. Indem Sie eine Aufgabe als Projekt einplanen, konkretisieren Sie Ihre Ideen. Ihre Vorstellungen nehmen Form an. Ob es sich um Fotografie, Tanzen oder Bio-Gemüseanbau handelt: Projekte zu benennen und sie zu planen, hat etwas Handfestes. Sie stellen auf diesem Weg sicher, dass Sie Ihre Vorhaben regelmäßig verfolgen.

Projekte verhindern zudem das Aufschieben von Aufgaben. Die Wahrscheinlichkeit, dass Sie dranbleiben und nicht frühzeitig abbrechen, ist sehr viel höher. Die Umsetzung von Projekten macht Sie zu einem aktiveren und glücklicheren Menschen. Sie gewinnen an Lebensfreude und verbessern Ihre Lebensqualität. Projekte durchzuführen vermittelt Ihnen das Gefühl, Ihr Leben im Griff zu haben. Sie bleiben sich selbst treu. Die Zeiten, in denen Sie stundenlang uninspiriert und ohne Antrieb vor dem Fernseher, Laptop oder Smartphone saßen, sind vorbei.

Das hört sich nach buntgemischten Projekten an.

Genauso ist es. Ihre Projekte können alles Mögliche sein. Auf künstlerischer, handwerklicher oder geistiger Ebene. Von A wie Acrylmalerei bis Z wie Zaubertricks. Ein Mix aus verschiedenen Projekten ist ebenfalls eine Option: Gesangsübungen während der Malerei, oder sich einen Podcast anhören, während man im Garten Bio-Gurken pflanzt. Aktivitäten, bei denen wir anderen Lebewesen helfen, wie zur Blutspende zu gehen oder Tierheimhunde Gassi zu führen, zählen ebenfalls dazu. Projekte, an denen wir allein arbeiten, ebenso wie Projekte, die wir gemeinsam mit anderen erleben. Auch Alltagserledigungen können Projekte sein. Wer mit der Ausübung von »Leidenschaftsprojekten« sein Leben füllt, ist auf dem Weg zu einem zufriedenen und erfolgreichen Leben.

Was kommt als nächstes?

Nun ist die Durchführung Ihrer Projekte angesagt und Ihre Vision wird Realität. Nach getaner Arbeit erfreuen Sie sich an Ihrem Fortschritt. Sie haben Ihr Projekt begonnen, weitergeführt und zu Ende gebracht. Sie hatten nicht nur während der Umsetzung Spaß, sondern sind stolz auf Ihr Ergebnis und dass Sie durchgehalten haben.

Das klingt anstrengend.

Bei dem Projekt-Prinzip geht es nicht darum, in der heutigen Leistungsgesellschaft mitzuhalten. Der oft aufgezwungene Optimierungswahn bleibt außen vor. Sie geben bei allen Projekten Ihr eigenes Tempo vor. Es geht nicht darum, sich selbst und Ihr Leben um jeden Preis zu perfektionieren. Im Gegenteil: Projekte sollen Spaß machen. Zu viel Ernst und Perfektionsstreben verhindert, dass Sie sie genießen können. Fehler, Missgeschicke und Probleme kommen vor. All das bedeutet nicht das Ende Ihrer Projekte. Solange Sie weitermachen und es immer wieder probieren, steigern Sie sich und haben automatisch Erfolgserlebnisse. Setzen Sie sich weiterhin Ihre Ziele und schöpfen Sie Ihr Potential aus. So erreichen Sie Ihren einmaligen Lebensstil.

Gleichzeitig sorgen Projekte aber auch für den berühmten Tritt in den Allerwertesten. Sie spornen Sie an. Die Gestaltung Ihrer Projekte ist dabei Ihnen überlassen. Sie bestimmen selbst die Länge und den Umfang Ihrer Projekte. Ein Projekt kann Sie ein Leben lang begleiten, oder nur einen Tag als Mini-Projekt. Die Aufgaben können kurz, sie können lang, sie können sehr selten oder sehr oft gemacht werden. Wie Sie es möchten und wie es Ihr Leben am meisten bereichert. Dies erhöht Ihre Motivation. Zwar funktioniert die Umsetzung Ihrer Planung möglicherweise nicht immer, aber auch da gibt es viele Tipps und Tricks, die Ihnen in diesem Buch vorgestellt werden.

Muss ich immer aktiv sein?

Die grundlegende Idee hinter dem Projekt-Prinzip ist, Ihre Zeit sinnvoll zu nutzen. Sinnvoll heißt, Sie sind erfüllt, fühlen sich gut und genießen Ihre Aufgabe. Anstatt das Leben an Ihnen vorbeiziehen zu lassen, fördern Sie Ihre Kreativität. Sie kreieren, erschaffen und erledigen. Tätig zu sein löst in Ihnen Glücksgefühle aus. Ihr Geist bleibt in Bewegung. Sie kommen voran, auch wenn Ihre Schritte ab und an nur klein sind.

Es handelt sich bei den Projekten nicht um den Versuch, sich abzuhetzen und Aufgaben wie am Fließband zu erledigen. Beim Produktivsein geht es nicht um ein möglichst schnell erzieltes Ergebnis. Sondern um die Zeit, die Sie mit etwas verbringen, was Ihnen gefällt und Spaß macht. Auch wenn Sie zu kämpfen haben mit körperlichen Einschränkungen, chronischen Schmerzen oder anderen Situationen, die es Ihnen erschweren, Projekte durchzuführen: Seien Sie so aktiv, wie Sie können und sich dabei wohlfühlen. Genießen und feiern Sie den Verlauf. Letztlich ist der Projektprozess an sich das Wichtigste. Sie müssen sich nicht stressen, in einem bestimmten Zeitraum fertig zu werden. »Der Weg ist das Ziel«, wie es so schön heißt. Beim Projekt-Prinzip geht es nicht um eine Gewinner-Verlierer-Mentalität. Sie gewinnen bereits, wenn Sie ein Projekt planen, beginnen und immer wieder weitermachen. Früher oder später führt dies zum Ziel.

Manchmal will ich mich aber einfach auf die Couch legen.

Das Gefühl kennt jeder. Deswegen behandelt »Das Projekt-Prinzip« ebenfalls diese Thematik: Wie Sie sich Input für Ihre Projekte holen, wenn Sie nicht aktiv sein können oder wollen.

Was hat das jetzt alles mit weniger Internet zu tun?

In der heutigen Zeit, in der das Internet und Mobilgeräte einen großen Platz in der gesellschaftlichen Mitte eingenommen haben, werden Menschen immer mehr zu Konsumenten. Statt kreativer Betätigung wird lieber der Laptop eingeschaltet. Vorstellungskraft wird nur noch genutzt, um sich zwischen zwei Spiele-Apps zu entscheiden. Je mehr Sie online konsumieren, umso mehr schwindet Ihre Energie. Sie vergleichen sich mit anderen, anstatt sich auf Ihr eigenes Leben zu konzentrieren. Diese Art zu leben ist viel bequemer, aber auf Dauer auch frustrierender. Wenn Sie also bei dem Stichwort »Projekt« sofort an das Erstellen eines Social-Media-Profils oder das Gewinnen eines Onlinespiels dachten, sind Sie vielleicht enttäuscht.

Aber natürlich gibt es auch Ausnahmen, bei denen Sie moderne Technik einsetzen können: Tätigkeiten, bei denen Sie selbst kreativ sind, wie das Erstellen von Videos, virtuelles Lösen von Rätseln und Denkaufgaben, oder das Zeichnen auf einem Tablet. Doch für stundenlanges zielloses Surfen und zum fünften Mal in fünf Minuten auf Ihr Social-Media-Profil zu gucken gilt: Ausgiebiges Onlinesein zwingt uns zur Passivität. Es verhindert aktives und selbstbestimmtes Handeln und lässt unser Potential und unsere Kreativität schrumpfen — genau das Gegenteil des Projekt-Prinzips. In den Projekten geht es deshalb darum, möglichst außerhalb der Internetwelt zu agieren. Daraufhin ändern sich die Prioritäten in Ihrem Leben automatisch. Gehen Sie deswegen so oft wie möglich offline: Seien Sie aktiv und nicht passiv. Das Leben wahrnehmen und nicht vor Bildschirmen verstreichen lassen. Ihre Zeit bewusst genießen und nicht einfach nur totschlagen.

Das Projekt-Prinzip besteht also aus drei Schritten: 1. Leidenschaften entdecken. 2. Aus der Leidenschaft ein Projekt machen. 3. Das Projekt durchführen.

Genau. Das sind die Grundkenntnisse des Projekt-Prinzips.

Wie hilft mir das Buch?

»Das Projekt-Prinzip: einfach. effektiv. produktiv.« ist in zwei Teile aufgeteilt. Der erste Teil hilft Ihnen, aktiv zu werden und Ihre Motivation zu erhöhen. Der zweite Teil besteht aus vielen nützlichen Tipps. Sie haben die Wahl, ob Sie sie einzeln anwenden, oder als Ganzes durchgehen. Nehmen Sie das Buch immer wieder zur Hand, wenn Sie sich antriebslos, gelangweilt oder unzufrieden fühlen. Blättern Sie darin. Markieren Sie besondere Sätze.

Lesen Sie sich Ihre Lieblingsstellen zum wiederholten Male durch. All das hilft Ihnen, sich aus Ihrer Passivität zu reißen. Holen Sie sich Inspiration, um mit Ihren Projekten durchzustarten!

Glücklich sein durch Handeln

Produktiv sein in einer Welt, in der alles vorgesetzt wird

»Ruhm folgt der Tüchtigkeit wie ein Schatten.«
Cicero

Wir verbringen immer mehr Zeit vor dem Smartphone oder Laptop. Im Minutentakt gibt es neue Artikel, Bilder und Videos. Bequemlichkeit und Unterhaltung ist so meistens garantiert. Wenn allerdings Ihre Bildschirmzeit überhandnimmt und komplett Ihre Freizeit beherrscht, sollten Sie die Reißleine ziehen: Denn auf diesem Wege lassen Sie andere spannende Alternativen im Leben verstreichen.

Wie oft sitzen Sie vor Bildschirmen und lassen sich berieseln? Sei es im Internet oder vor dem TV-Gerät. In dieser Zeit konsumieren Sie das, was andere Menschen kreiert oder zusammengestellt haben: Serien über Verrat, Dramen und Liebeskummer, Dokumentarfilme über Fastfood, Flora und Fauna, sowie Filme über den Sinn des Lebens. PC- und Onlinespiele über das taktische Überleben in Kriegs- und Fantasiewelten. Webseiten, Blogbeiträge, Artikel, Bilder und Videos über Neuigkeiten, Lebensweisen, Klatsch und Tratsch. Ob von Amateuren oder Profis erschaffen, hochgeladen oder veröffentlicht: Irgendwann, irgendwo waren Menschen fleißig und haben ihre Fantasien und Träume umgesetzt. Sie nahmen ihre Ideen ernst und verwirklichten ihre Ziele. Sie führten ihre Projekte durch. Währenddessen sitzen Sie als Zuschauer vor diesen Ergebnissen und lassen sich davon einnehmen. Mit anderen Worten: Sie sind passiv. Natürlich sehen oder lesen wir sehr gerne manche TV-Programme oder Webseiten, und manchmal sind diese zum Abschalten oder zur Inspiration unverzichtbar. Aber hier ist die Rede von dem ständigen Konsum von Inhalten, die Sie nicht weiterbringen. Bildschirm-Bespaßungen, die Sie nur dazu nutzen, Zeit totzuschlagen oder Langeweile zu vertreiben. Ablenkungen, die Sie doch nicht so sehr interessieren, wenn Sie ehrlich zu sich selbst sind. Mit solch einem Verhalten vergeben Sie freiwillig wertvolle Lebenszeit.

Sich hinter Bildschirmen zu verstecken und sich unentwegt von Onlineangeboten beeinflussen zu lassen, setzt Ihren Tatendrang und Ihre Kreativität auf Sparflamme. Ihr Geist und Ihr Körper werden nicht gefördert, geschweige denn herausgefordert. Genauso gut können Sie beobachten, wie Farbe an einer Wand trocknet — und selbst da haben Sie den Vorteil der Entspannung und einer Meditation. Wenn Sie sich dagegen Projekten zuwenden, werden Sie sich aus Ihrer digitalen Hängematte aufraffen. Sie werden Ihre Willenskraft aktivieren und Ihre Fähigkeiten entwickeln. Sie belohnen sich selbst mit Erfolgserlebnissen und warten nicht darauf, dass sich Dinge von allein ändern. Sie bewirken etwas in sich selbst und in Ihrem Umfeld. Ihre Zuversicht und der Glauben an sich selbst wachsen. Sie beweisen Ausdauer und lassen sich von Anstrengung und möglichen Misserfolgen nicht einschüchtern. Fortschritt und positive Erfahrungen warten auf Sie.

Aktiv zu sein bereichert Ihr Leben. Wenn Sie immer noch Zweifel haben, machen Sie den Vergleich: Seien Sie die nächsten Tage jeden Tag ein paar Stunden online. Holen Sie sich Chips oder andere Knabbereien. Auch das Getränk, was Sie lieben, aber eigentlich viel zu süß ist. Machen Sie es sich bequem auf der Couch oder im Bett. Benutzen Sie Ihr Lieblingsgerät, Tablet, Smartphone oder Laptop so lange, wie Sie wollen. Surfen Sie auf wahllosen Webseiten. Toben Sie sich virtuell aus. Folgen Sie einem Link, und klicken Sie nach ein paar Minuten auf den nächsten. Schauen Sie sich an, was der neueste Trend auf den Foren und Videoplattformen ist. Welche Hashtags am meisten genutzt werden. Welche Beiträge auf den Webseiten populär sind.

Nach ein paar Tagen machen Sie genau das Gegenteil: Werden Sie aktiv! Statt in Ihrer Freizeit pausenlos online zu sein, widmen Sie sich Ihren Projekten. Backen Sie einen leckeren Kuchen, reparieren Sie die seit langem nicht mehr funktionierende Lampe, stricken Sie einen kuscheligen Schal, besuchen Sie eine langjährige Freundin, skizzieren Sie einen bunten Comic, schreiben Sie ein Kapitel für Ihr erstes Buch, oder misten Sie diese eine Schublade mit dem ganzen nervigen Gerümpel aus. Seien Sie produktiv. Seien Sie kreativ. Erschaffen Sie etwas. Verbringen Sie ein paar Stunden mit Aktivitäten, die Ihnen Freude bereiten. Vielleicht sogar Tätigkeiten, die Ihnen

Erleichterung bringen, weil Sie sie endlich erledigt haben.

Ziehen Sie nach ein paar Tagen Bilanz zwischen der Zeit, in der Sie nur online waren, und der, in der Sie aktiv waren. Wie fühlen Sie sich abends nach stundenlangem Onlinesein? Wie am nächsten Morgen? Wie ergeht es Ihnen, wenn Sie aktiv waren, ein Projekt angefangen oder weitergeführt haben? Mit der einen Verhaltensweise sind Sie bestimmt zufrieden, mit der anderen genervt und unglücklich. Wenn Sie Ihre freie Zeit für Projekte nutzen, nehmen Sie sich selbst als tatkräftiger, zufriedener und entspannter wahr. Das Gefühl, etwas bewirken zu können, kann Ihnen keiner nehmen. Sie kommen im Leben voran und stehen nicht vor einem Bildschirm still.

Die Zeit vergeht. Alle Uhren zu verbannen oder nur noch rückwärts laufen zu lassen, ändert nichts an dieser Tatsache. Wenn Zeit sowieso verstreicht, kann man genauso gut aus ihr etwas machen. Entweder haben Sie am Ende eine halbe Stunde Ihr Wohnzimmer geputzt, und können die Sauberkeit die folgenden Tage genießen. Oder Sie haben in den dreißig Minuten vor einem Onlinespiel gesessen oder sinnlose Kommentare gelesen. Sie können ein Essen für Ihre Familie zubereiten und es gemeinsam am Esstisch genießen. Oder Sie stecken ein Fertigessen in die Mikrowelle, um sich die neueste Folge Ihrer Serie anzugucken. Jeder isst dann allein vor seinem Bildschirm. Malen Sie jeden Mittwoch und Sonntag an einem Bild, sind Sie irgendwann mit Ihrem Gemälde fertig. Sind Sie stattdessen mit der Internetsuchmaschine beschäftigt, sich andere Bilder von Künstlern anzugucken, wird Ihr eigenes Werk niemals entstehen. Arbeiten Sie einen Monat lang an keinem Ihrer Projekte, sind vier Wochen vorbei, ohne dass Sie etwas erreicht haben. Erledigen Sie dreißig Tage lang jeden zweiten Tag eine Kleinigkeit an Ihrem Projekt – jeweils zehn Minuten – haben Sie am Ende des Monats etwas vorzuweisen: 150 Minuten aktive Auseinandersetzung mit Ihrem Projekt. Vergessen Sie nicht: Die Zeit vergeht. Ob Sie Ihre kostbare Zeit bewusst nutzen oder verstreichen lassen, entscheiden Sie.

Gelegentlich kommen Gedanken, die einen nicht loslassen. Probleme und Konflikte, die einen beschäftigen. Obwohl Sie wissen, dass Sie das Nachdenken in diesen Momenten nicht weiterbringt, können Sie das Gedankenkarussell nicht stoppen. Gehören Sie zu den Menschen, die viel grübeln, ist das Ausführen von Projekten eine Auszeit von Sorgen und Nöten. Produktiv zu sein ist eine willkommene Abwechslung. Sie können sich tagelang Sorgen über etwas machen, was vielleicht oder vielleicht auch nicht eintreffen wird. Oder Sie nutzen die Zeit, um an Ihrem neuesten Projekt zu arbeiten. Sind Sie bei der Bearbeitung Ihrer Projekte fokussiert auf Ihre Tätigkeit, entstehen negative und angstvolle Gedanken erst gar nicht. Auf diese Weise nehmen Sie Abstand von Grübeleien, die Sie lähmen und nicht weiterbringen. Nutzen Sie das Projekt als Ablenkungsstrategie. Produktiv sein dient als Ablenkung, und Sie erhalten sogar eine Belohnung dadurch. Etwas getan oder unternommen zu haben, reduziert Ihre Zukunftsängste und dekonstruktive Gedankengänge.

Leidenschaften entdecken und leben

> »Alles, was wir mit Wärme und Enthusiasmus
> ergreifen, ist eine Art von Liebe.«
> Humboldt

Projekte zu planen und regelmäßig an ihnen zu arbeiten, führt zu mehr Produktivität. Wenn Sie tätig sind, wirken Sie Stillstand und Trostlosigkeit entgegen. Handeln verhilft Ihnen zu positiven Ergebnissen. Was aber gibt Ihnen den Extra-Kick, um aktiv und schöpferisch zu sein? Die Antwort liegt in Ihren Interessen und Vorlieben: Sie müssen überlegen, welche Ideen Sie so sehr begeistern, dass Sie aus ihnen ein Projekt machen wollen. Indem Sie herausfinden, für was Sie sich interessieren, bekommen Sie die Chance, sich in diesem Bereich auszuleben. Leidenschaften zu erkennen und sie auszuführen, ist ein wertvolles Geschenk.

Dabei muss es sich nicht um ein großes oder ein kompliziertes Projekt handeln. Im Alltag finden sich viele Möglichkeiten. Nehmen Sie das Projekt »Küchen-Kräutergarten«: Bei dieser Art von Projekt sind Sie mit dem Wässern und Ziehen der Pflänzchen beschäftigt. Sie können jeden Tag feststellen, wie schnell die Kräuter wachsen. Zum Kochen sind Ihnen frischer Dill, Thymian und Basilikum sicher. Das Grün in Ihrer Küche erfreut Sie jeden Tag aufs Neue.

In der heutigen Gesellschaft eine Leidenschaft zu entdecken ist nicht einfach. Das Internet präsentiert uns unendlich viele Möglichkeiten. Aber wer soll da den Überblick behalten? Bei dieser vermeintlichen Angebotsvielfalt gucken wir erstmal in die Röhre. Im wahrsten Sinne des Wortes. Wir haben es uns zu sehr angewöhnt, unsere Freizeitbeschäftigungen auf Fernsehen, Surfen und Social Media zu begrenzen. Andere Interessensgebiete sind eingeschlafen. Besonders heimtückisch: Das automatische und unhinterfragte Aufsaugen dieser Informationen kann uns irreleiten. Wir nehmen an, dass die neuesten Trends ebenfalls unseren Interessen entsprechen. Auch wenn dies überhaupt nicht zutrifft.

Es ist leichter gesagt als getan, aber wir müssen versuchen, uns auf uns selbst zu verlassen. Suchen wir nach etwas, was uns persönlich bereichert und Antrieb gibt. Nicht, was andere gut finden. Nicht, was uns erzählt wird, was wir gut finden sollen.

Zunächst kann es sein, dass Sie ein wenig Raum und Zeit benötigen, um sich über Ihre Interessen klar zu werden. Vielleicht fällt Ihnen spontan eine Leidenschaft ein, oder Sie müssen nachdenken. Manchmal gehört es dazu, sich Zeit zu nehmen, um den Eifer für ein Thema zu entdecken. Suchen Sie Ihre Leidenschaften im Leben. Früher oder später werden Sie fündig. Bleiben Sie allen Möglichkeiten gegenüber offen. Vielleicht ist morgen der Tag, an dem Sie inspiriert werden. Oder bereits in der nächsten Stunde, oder in den nächsten Minuten.

Nehmen Sie die Suche nach einer Leidenschaft nicht zu ernst. Probieren Sie aus, was Ihnen gefällt. Jede Aktivität ist ein Weg, Leidenschaften herauszufinden. Sollte es Ihnen doch nicht liegen, haben Sie neue Erfahrungen gesammelt. Diese zeigen Ihnen wiederum Wege auf, was Sie stattdessen unternehmen können. Was würden Sie gerne in diesem Moment machen? Wenn Sie Lust auf einen Kopfstand haben, wäre vielleicht das Erlernen von Yoga-Übungen etwas für Sie. Oder Sie planen, den Inhalt Ihres Kleiderschrankes nach Farben zu sortieren. Dabei fällt Ihnen auf, dass Sie sich unbedingt von überflüssigen Kleidungsstücken trennen wollen und misten aus. Beim Projekt-Prinzip sind Ihrer Ideenfindung keine Grenzen gesetzt.

Auch frühere Interessen dienen sehr gut als Projekte. Erinnern Sie sich an längst abgelegte Beschäftigungen: Wassermalerei ist nur etwas für Kinder? Niemand wird es kümmern, wenn Sie sich Kasten, Pinsel und Zeichenblock nach Hause holen und loslegen. Sie wollten schon immer mal wieder eine neue Staffelei besorgen, um auf Leinwänden Ölmalereien anzufertigen? Es gibt nichts, was Sie aufhält. Außer Sie selbst. Sie haben als Kind Springseilhüpfen geliebt und waren – ohne angeben zu wollen – einer der Besten? Ein Springseil ist schnell im Geschäft besorgt. Da werden die Nachbarskinder Augen machen, wenn Sie einen neuen Rekord aufstellen.

Nicht jede Leidenschaft ist auf den ersten Blick offensichtlich. Denken Sie an verschiedene Aktivitäten, die Ihnen Freude bereiten. Gemeinsamkeiten sind wichtige

Hinweise. Sie haben früher sehr gerne auf das Kind Ihrer Bekannten aufgepasst. Viele positive Erinnerungen sind Ihnen aus der Zeit geblieben. Dem Baby Lieder vorzusingen, es herumzutragen und mit ihm zu spielen. Ist also auf Babys und Kinder aufzupassen eine Leidenschaft von Ihnen? Das könnte natürlich gut sein. Aber: Vielleicht fällt Ihnen bei den positiven Erinnerungen an das Babysitten auf, dass Sie besonders viel Zeit damit verbracht haben, dem Säugling selbst erfundene Lieder vorzusingen. Musikunterricht war damals Ihr Lieblingsfach. Heute ertappen Sie sich immer dabei, im Auto lauthals bei den Radiosongs mitzusingen und eine eigene Variante der Texte zu kreieren. Fassen Sie zusammen, was diese Aktivitäten gemeinsam haben. Ihre Leidenschaft besteht womöglich darin, Lieder zu kreieren: Melodien zu komponieren und Songtexte zu verfassen.

Sie lieben es, Glückwunschkarten zu bemalen. Ihre Freunde fragen immer Sie, wenn Schilder oder Plakate beschriftet werden sollen. Außerdem bekritzeln Sie Ihre Notizblätter bei Telefonaten mit allen möglichen Zeichen. Sollten Sie die Malerei zu Ihrem Hobby machen? Möglich! Aber aus den gemeinsamen Komponenten könnte man auch herauslesen, dass Ihre Leidenschaft die Kunst des Schönschreibens ist: die Kalligrafie.

Verbringen Sie bisher viel Zeit vor Smartphone, Tablet und Laptop? Nutzen Sie Ihr Verhalten, um auf Ideen für Ihre Leidenschaften außerhalb des World Wide Webs zu kommen. Anstatt nur Webseiten und Social-Media-Accounts von anderen anzuklicken, werden Sie selbst aktiv:

Wenn Sie viel Freude daran haben, mit der Smartphone-Kamera zu fotografieren oder Videos zu drehen, schlummert in Ihnen vielleicht eine kreative Ader. Lernen Sie etwas über die Grundlagen des Fotografierens, über Bildkompositionen und Gestaltung. Setzen Sie sich mit Kameraeinstellungen auseinander.

Nutzen Sie oft Filter auf Social Media oder Bildbearbeitungsprogramme, um Farben oder die Atmosphäre in Fotos zu verändern, haben Sie möglicherweise ein Händchen für Kunst und Malerei.

Wenn Sie gerne lange und detaillierte E-Mails verfassen, besitzen Sie womöglich eine Affinität für das Schreiben. Gedanken schriftlich in Worte zu fassen ist auf vielerlei Arten möglich, zum Beispiel beim Tagebuchschreiben. Für das Schreiben müssen Sie nicht am Laptop oder Computer sitzen. Machen Sie es sich bequem mit Papier und Stift und üben Sie dabei Ihre Schönschrift und Ihren Schreibstil.

Verschaffen Sie sich einen Überblick, welche Webseiten Sie regelmäßig besuchen und für welche Themen Sie sich besonders auf diesen Seiten interessieren. Das Gleiche gilt für Videos, die Sie sich gerne auf den Internetplattformen ansehen: Gibt es ein gemeinsames Thema oder Interessensgebiet? Natur, Sport, Gesundheit, Reisen, Mode, Inneneinrichtung: Eine große Vielfalt, aus denen Sie Ideen für Ihre Leidenschaften schöpfen können. Setzen Sie davon mit Hilfe Ihrer Projekte etwas um. Gehen Sie selbst in den Wald, statt anderen dabei zuzusehen. Fangen Sie eine Sportart an, oder führen Sie daheim Dehnübungen durch. Erkunden Sie den Ort, in dem Sie leben. Testen Sie unbekannte Rezepte aus. Räumen Sie Ihre Wohnung um. Misten Sie unnötigen Kram aus. Möchten Sie daheim entspannen: Nehmen Sie sich Bücher zur Hand. Lesen Sie darin über Ihre Lieblingsthemen. Machen Sie sich Notizen. Betrachten Sie die Illustrationen. Halten Sie das Buch in der Hand, blättern Sie darin, fühlen und riechen Sie das Papier. Eine schöne Alternative zum Streichen über Bildschirme.

Ist es Ihr leidenschaftlicher Traum, eines Tages ein Filmemacher zu sein? Dann tun Sie es! Es gibt auch auf Amateur-Level viele Möglichkeiten, Ihre Ideen umzusetzen. Produktiv zu sein bedeutet nicht, eine komplette Serien- oder Filmproduktion auf die Beine zu stellen. Aber Sie werden staunen, wie weit Sie ein selbstgeschriebenes Drehbuch, Freunde als Darsteller, ein eigener Camcorder und günstige Schnittsoftware bringen kann. Auch eine Webseite, einen Kanal auf einem Videoportal oder einen Lifestyle-Blog über Natur oder Mode können Sie gründen. Sie stellen selbst den Inhalt her. Auf diese Weise können Sie Ihre leidenschaftlichen Themen für andere Menschen digital zugänglich machen.

Sie würden gerne Häkeln, aber haben keine Ahnung, wie das funktioniert. Nutzen Sie ruhig das Internet, um an Informationen zu gelangen. Schließlich ist das praktisch und geht schnell. Für das Häkeln suchen Sie zum Beispiel nach Anleitungen auf Videoplattformen. Aber Achtung, bleiben Sie dann bei Ihrem Thema. Gucken Sie sich das Video so oft an, bis Sie das Häkeln verstehen und selbst die ersten Maschen in Angriff nehmen können. Kein endloses Weiterklicken nach gehäkelten Jäckchen oder süßen Babyoutfits. Sorgen Sie dafür, dass Sie rechtzeitig den Onlineabsprung schaffen.

Zu oft passiert es, dass man zunächst im Internet recherchieren will, bevor man mit seinem Projekt loslegt. Doch stattdessen vergisst man die Umsetzung seines Projektes. Als Resultat ist man ohne Pause online und konsumiert, anstatt selbst aktiv zu werden. Geraten Sie nicht in die Internetfalle. Das Internet ist nicht der Stein der Weisen. Auch andere Quellen können zur Nachforschung benutzt werden: Bücher, E-Books, Bibliotheken, Zeitschriften. Aber auch Experten auf dem Gebiet zu befragen, ist sehr aufschlussreich. Bitten Sie Ihre Oma oder andere Familienmitglieder, Ihnen das Häkeln beizubringen.

Bei aller Begeisterung für das Lernen: Seien Sie sich immer bewusst, wann es an der Zeit ist, mit Ihren Recherchen aufzuhören. Es kommt der Zeitpunkt, an dem Sie genug Wissen angesammelt haben. Werden Sie selbst aktiv und starten Sie mit Ihrem Projekt durch. Mit ein bisschen Übung kommen Sie weiter. Versuchen Sie, am Ball zu bleiben und setzen Sie sich nicht unnötig unter Druck. Häkeln Sie los!

Übertreiben Sie es aber zu Beginn nicht mit neuen Anschaffungen für Ihr Projekt. Sonst nimmt der Konsum wieder überhand. Was bringt es Ihnen, mehrere Knäuel teuerster Wolle zu kaufen, wenn Sie doch nur online weitergucken und die Häkelnadeln nie in die Hand nehmen? Oftmals schieben wir Recherche und die Anschaffung von Gegenständen vor, um nicht mit dem Unvermeidlichen konfrontiert zu werden: Dem Projektbeginn. Wir glauben Marketing- und Werbestrategen, die uns erzählen, was wir für unsere Aktivitäten unbedingt brauchen. Wir tun schließlich etwas für unser Projekt, wenn wir Geld für eine komplette Outdoor-Ausrüstung für unsere Spaziergänge ausgeben. Oder stundenlang Onlineshopping betreiben, weil wir die neueste Videokamera mit Ausrüstung für unser Film-Projekt besitzen wollen. Dabei haben wir bereits ein Paar Turnschuhe zum Laufen, und unser Bruder eine Videokamera, die wir uns ausleihen dürfen. Höchstwahrscheinlich haben Sie für viele Ihrer Leidenschaften bereits einiges da, was Sie gebrauchen können. Falls nicht, besorgen Sie sich zunächst nur das, was Sie für das Ausprobieren tatsächlich brauchen. Nach und nach können Sie immer noch die Anschaffungen steigern, wenn Sie denn nötig sind — oder herausfinden, wie Sie ohne sie klarkommen. So bringen Sie zudem immer wieder neue Impulse in Ihre Projekte ein.

Haben Sie ein mögliches Interessensfeld gefunden? Zögern Sie nicht, es auszuprobieren. Sie merken schnell, ob die Aktivität etwas für Sie ist. Sie fühlen sich begeistert, enthusiastisch und voller Energie: Dann liegen Sie richtig.

Input holen und nutzen

»Nach Wissen suchen, heißt Tag für Tag
dazu gewinnen.«
Laotse

Manchmal hindern uns Alltagsstress und Erschöpfung daran, kreative und produktive Tätigkeiten zu verrichten. Aktiv zu sein außerhalb der alltäglichen Verpflichtungen hört sich dann wie eine große Belastung an. Ein langer Arbeitstag — womöglich noch Überstunden, weil die Kollegin krank ist. Das Auto springt erst beim zehnten Versuch an. Im Supermarkt ist nur eine Kasse besetzt. Der Partner muss Überstunden schieben. Die Kinder schreien, weil sie nicht ins Bett wollen. Abends sind wir zu erschöpft, um uns auf irgendwelche Aktivitäten zu konzentrieren. Unser einziger Gedanke ist es, halbwegs unversehrt auf die Couch oder ins Bett zu kommen. Am besten mit Tablet oder Fernbedienung in der Hand.

Wenn Sie müde und erschöpft sind, oder einfach keine Lust haben, aktiv zu sein, können Sie Ihre Zeit trotzdem sinnvoll nutzen. Holen Sie sich Ideen und Inspiration von außen. Sorgen Sie für positiven Input für Ihre Projekte. Etwas, was Sie näher an Ihr Ziel bringt. Bücher sind hier eine gute Wahl. Nutzen Sie aber in diesen Fällen auch die Vorteile, die das World Wide Web bietet. Allerdings liegt es hier in Ihrer Verantwortung, die feine Linie zwischen Inputholen und Sich-berieseln-lassen nicht zu überschreiten.

Besonders beim Surfen im Internet oder beim Fernsehen ist Vorsicht geboten. Die Gefahr der Ablenkung ist groß. Ehe Sie sich versehen, haben Sie Ihre wertvolle Zeit mit Dauerklicken totgeschlagen. Also machen Sie mehr daraus. Das heißt nicht, dass Sie nur Dokumentationen oder pädagogisch wertvolle Sendungen ansehen dürfen. Auch Serien und Filme können inspirieren. Der Handlungsstrang gibt Ihnen Motivation, selbst ein Drehbuch oder ein Buch zu verfassen. Die Darsteller animieren Sie, sich schauspielerisch zu betätigen und Szenen nachzuspielen. Die Kulisse inspiriert Sie, ein Bild davon zu malen. Stellen Sie eine andere Sprache sowie Untertitel ein, können Sie Ihre Sprachkenntnisse erweitern. Holen Sie das Beste heraus, auch wenn Sie auf der Couch liegen und sich »berieseln« lassen. Aber vergessen Sie nicht: Sind Sie wieder fit und ausgeruht, heißt es, die Inspiration auch wirklich zu nutzen. Setzen Sie Ihre Ziele und Projekte um.

Holen Sie sich Input. Hängen Sie ein Bild von einem schönen Kleid auf, welches Sie zum Nähen motiviert. Oder ein selbstgeschossenes Foto, welches Sie ermutigt, Ihre Kamera in die Hand zu nehmen und im Garten nach Motiven zu suchen. Riechen Sie in der Küche an Zimt, oder knabbern Sie ein paar Nüsse. Vielleicht bekommen Sie Lust, Kekse oder Kuchen zu backen. Legen Sie ein Notizbuch mit leerer Seite auf Ihren Esszimmertisch. Auf diese Weise erinnern Sie sich ans Schreiben. Hängen Sie

Ihre Bilder, Skizzen und Ausschnitte an einer gut sichtbaren Stelle auf. Daraus lässt sich auch ein Vision Board erstellen: Alles an einer Pinnwand befestigen, was Sie positiv an Ihr Projekt erinnert und Sie motiviert. Rahmen Sie sich folgenden Spruch von Leonardo da Vinci ein, wenn Sie sich oft dabei erwischen, Ihr Projekt schleifen zu lassen: »Geniale Menschen beginnen große Werke, fleißige Menschen vollenden sie«.

Die Farbe Gelb schenkt Ihnen viel Energie? Besorgen Sie sich gelbe Kissenbezüge für die Couch. Oder ziehen Sie Ihr neues gelbes T-Shirt an, wenn Sie an Ihrem Projekt weiterarbeiten wollen. Machen Sie Zitronenöl in Ihre Duftlampe, um von dem Duft aktiv zu werden. Oder lüften Sie das Zimmer zehn Minuten lang. Drehen Sie Ihre Lieblingsmusik auf.

Manche Menschen können sich besser konzentrieren, wenn Ihr Arbeitsraum leergeräumt, geordnet und ruhig ist. Gehören Sie dazu, sorgen Sie dafür, dass Sie in einer für Sie passenden Atmosphäre Ihr Projekt bearbeiten können.

Löst Ihr Umfeld in Ihnen eine freudige und anregende Stimmung aus, ist dies sehr hilfreich für Ihre Motivation. Quasi ein Extra-Kick, Ihre Projekte zu beginnen und weiterzuführen. Dekorieren Sie Ihre Wohnung. Umgeben Sie sich mit Gegenständen, Düften oder was auch immer Sie aufs Neue inspiriert.

Orientieren Sie sich an Menschen, deren Eigenschaften Sie bewundern, oder deren Arbeit und Werke Sie ansprechen. Vorbilder geben Anstoß, Fähigkeiten zu erlernen.

Dies beinhaltet nicht nur praktische Tätigkeiten. Auch bieten Vorbilder mentale Stärke. Sie motivieren und zeigen Wege zum Durchhalten auf. Wollen Sie zum Beispiel sportlicher werden, suchen Sie sich jemanden aus, den Sie für seine athletischen Leistungen bewundern. Das kann eine Freundin, oder auch der Olympiasieger im Fernsehen sein. Das muss nicht bedeuten, dass Sie nächstes Jahr einen Marathon gewinnen. Aber träumen ist erlaubt. Sich steigern zu wollen auch.

Überlegen Sie, welche Charaktereigenschaften oder Fähigkeiten Ihnen an Ihrem Vorbild gefallen, und welche Sie sich gerne selbst aneignen würden. Der Erfahrungsschatz Ihrer ausgesuchten Vorbilder können als Inspirationsquelle genutzt werden. Ein Freund von Ihnen ist die Geduld in Person. Sie wünschen sich, in stressigen Situationen genauso ruhig zu bleiben. Die Kassiererin im Supermarkt um die Ecke hat immer ein herzliches Lächeln auf den Lippen und ein nettes Wort für ihre Mitmenschen. Ihre warme Art imponiert Ihnen schon seit Jahren. Ihr Partner hat ein gutes Händchen für Kochen und Backen. Ihr Kollege ist ein Meister darin, Grenzen aufzuzeigen. Er lässt andere Menschen höflich, aber bestimmt wissen, wenn ihm Anfragen zu viel werden.

Vorbilder müssen keine realen Personen sein. Auch fiktive Personen können eine Vorbildfunktion erfüllen. Der Film »Rocky« kann für Sie Ansporn sein, sich genauso wie der Boxer im realen Leben durchzusetzen und weiterzukämpfen. Auch Frodos Freund Sam aus »Der Herr der Ringe« kann Sie motivieren, nicht aufzugeben, wenn die Lage aussichtslos erscheint.

Versuchen Sie, die positiven Eigenschaften Ihrer Vorbilder zu übernehmen und im Alltag auszutesten. Besonders für die Umsetzung Ihrer Ziele. Ruhig zu bleiben, wenn der Zusammenbau des Schränkchens nicht richtig funktionieren will. Mitmenschen freundlich gegenüber zu sein und ihnen Komplimente zu zollen, wenn Sie sich vorgenommen haben, sich anderen mehr zu öffnen. Fragen Sie sich, wie Ihr Vorbild in der jeweiligen Situation reagieren würde. Wie würde Ihr Kumpel die Fassung bewahren, wenn sein Projekt nicht einwandfrei verlaufen würde? Was würde Rocky tun, wenn er auf der Couch liegend von seinem inneren Schweinehund heimgesucht würde? Könnte ich ein bisschen mehr wie Samweis Gamdschie sein und weitermachen trotz Hürden und Hindernisse?

Lassen Sie sich dabei nicht von Neidgefühlen abhalten. Schätzen Sie die positiven Eigenschaften von anderen, auch wenn es Ihnen schwerfällt. Denken Sie daran: Auch diese Menschen haben einen beschwerlichen Weg hinter sich. Sie haben oft Arbeit, Zeit und Energie investiert, um dort anzukommen, wo sie jetzt stehen. Nehmen Sie Neid als Anreiz und nutzen ihn zu Ihrem Vorteil. Übernehmen Sie die guten Eigenschaften und setzen Sie sie positiv ein. Auf diese Weise können Sie Ihre Gedanken und Ihr Verhalten verändern und ebenfalls Erfolge feiern. Die daraus entstehende Motivation ist Gold wert. Wenn es bereits einen Menschen gibt, der dieses Ziel erreicht hat — dann besteht doch auch für Sie die Möglichkeit!

Tipps und Tricks für mehr Aktivität

Zeit finden ohne Zeit zu haben

»Die Zeit verlängert sich für alle,
die sie zu nutzen verstehen.«
da Vinci

Zur Arbeit hetzen, Kinder von der Schule holen, Einkaufen gehen, Wohnung putzen, Zeit für Familie und Freunde einplanen, selbst irgendwann einmal Luft holen und sich ausruhen: alles unter einen Hut zu bekommen ist ein schwieriger Akt. Ihr Tagesprogramm ist bereits voll genug. Sie haben sowieso manchmal das Gefühl, Ihnen fliegt der Alltag um die Ohren — da brauchen Sie nicht noch Projekte als Extra-Aufgaben. Auch wenn es sich zunächst kontraproduktiv anhört: Projekte helfen Ihnen, Ihre Zeit besser zu planen. Indem Sie sich bewusst Zeit nehmen für Ihre Projekte, stellen Sie sicher, dass Sie diese auch durchführen. Dadurch achten Sie mehr auf Ihre Bedürfnisse und worauf Sie wirklich Lust haben. Sie schaffen sich einen besseren Überblick über Ihren Tagesablauf. Die Zeit für Ihre Projekte nutzen Sie mit dem Wissen, dass Sie Freude daran haben und Entspannung finden. Auf diese Weise finden Sie eine bessere Balance zwischen Arbeit und Freizeit.

Entscheidungen treffen

Ziele zu erreichen bedeutet, sich zu entscheiden. Was möchten Sie erleben und schaffen? Eine Wand streichen, einen Pulli stricken, ein Kästchen zimmern oder Ihr Wohnzimmer neu einrichten? Legen Sie Leidenschaftsprojekte fest, die Sie interessieren und dessen Fortschritt und Ergebnis Sie sehen wollen. Früher oder später werden Sie so Zeit für Ihr Vorhaben finden. Wichtig ist, die passenden Entscheidungen zu treffen.

Digitale Zeitdiebe entlarven

Rechnen Sie zusammen, wie viele Minuten am Tag Sie am Smartphone verbringen, in Ihr Tablet schauen, E-Mails am Laptop checken und Begriffe in die Suchmaschine eingeben. Wie oft schauen Sie nach neuen Nachrichten, oder suchen nach Updates auf Social Media? Tablet, Smartphone und Computer sind gerissene Zeitdiebe. Bevor Sie sich versehen, ist wieder eine Stunde vorbei und alles, was Sie vorzeigen können, ist Ihr Browserverlauf. Laut Untersuchungen beträgt die durchschnittliche tägliche Internetnutzungsdauer circa 200 Minuten. Hochgerechnet auf zehn Jahre wären das 730 000 Minuten, umgerechnet circa 507 Tage, die Sie online verbringen. Was könnte man nicht alles in 507 Tagen tun und erleben. Wenn Sie sich erstmal nur abgewöhnen, alle fünf Minuten auf Ihr Smartphone zu gucken, holen Sie sich einiges an Zeit zurück.

Zeit nutzen

Gewöhnen Sie sich an, Wartezeiten mit Projekten zu füllen. Nutzen Sie diese Zeit für Ihre Ziele. Beschäftigen Sie sich mit Mini-Projekten beim Warten im Ärztewartezimmer, an der Bushaltestelle oder Supermarktkasse. Sie wollen Ihr Denkvermögen verbessern: Üben Sie Kopfrechnen und zählen Sie zusammen, wie viel Ihr Einkauf ungefähr kosten wird. Sie möchten endlich das Buch lesen, welches Sie sich letztes Jahr gekauft haben: Nehmen Sie es mit zum Arzt. Sie wollen Ihre Kreativität fördern: Dann betrachten Sie den Himmel und rätseln Sie, ob die Wolke ein Häschen oder einen Hund repräsentiert. Sie mögen den Trubel um Sie herum vergessen und relaxen: Setzen Sie nach einer kurzen Meditation oder tiefem Durchatmen mit neuer Energie Ihren Tag fort. Sie haben Ihre Zeit genutzt und fühlen sich entspannter und frischer.

Prioritäten setzen

Sie haben fast unendliche Möglichkeiten, was Sie tun und unternehmen können. Umso wichtiger ist es, Prioritäten zu setzen. Welchen Bereichen in Ihrem Leben schenken Sie Vorrang? Bleiben Sie heute Zuhause und setzen den ersten Pinselstrich für Ihr Ölgemälde-Projekt? Oder gehen Sie lieber auf die Party einer Bekannten, auf die Sie eigentlich keine Lust haben? Sagen Sie zu, auf den Hund einer Freundin aufzupassen, obwohl dieser Sie gerne in Ihre Waden beißt? Gehen Sie ans klingelnde Telefon, oder genießen Sie Ihre Zeit in der Badewanne ohne Unterbrechung? Wenn Sie sich einem Vorhaben widmen, heißt das, dass Sie gleichzeitig Prioritäten setzen. Sie entscheiden sich gegen andere Möglichkeiten. Für sich selbst Zeit zu nehmen, bedeutet unter anderem, diese Zeit nicht für andere Menschen aufbringen zu können. Ob Einladungen ausschlagen, oder einen Gefallen verweigern: Am besten folgen Sie Ihrem Bauchgefühl, wann ein »Nein, danke« oder »Diesmal leider nicht« angebracht sind. Sagen Sie nicht zu allem jederzeit »Ja«, weil Sie denken, es wird von Ihnen erwartet. Sie ziehen Grenzen, um sich selbst zu schützen. Danach haben Sie wieder neue Energien, um sich anderen Menschen zu widmen, oder etwas zu unternehmen.

Ein kleiner Tipp, um leichter Grenzen zu ziehen: Legen Sie sich von Anfang an einen zeitlichen Rahmen für Ihre Projekte zurecht. Noch bevor es überhaupt Anfragen von außen gibt. Haben Sie bereits beschlossen, sich jeden Sonntagnachmittag mit Ihrem Projekt zu beschäftigen, fällt es Ihnen leichter, für diese Zeit von vorneherein keine anderen Termine anzunehmen. Da darf das Telefon ruhig durchklingeln, und sich der Hund bei dem Nachbarn austoben, der etwas von Hundeerziehung versteht.

Ablenkungen vermeiden

Mit dem temporären Verzicht auf das Internet und Ihr Smartphone haben Sie bereits einen wertvollen Schritt geleistet, Ihre Projekte in Ruhe durchzuführen. Aber nicht nur Bildschirme sind Ablenkungsmeister. Auch von unseren Mitmenschen lassen wir uns gerne aus dem

Konzept bringen. Brauchen Sie Ruhe für Ihr Projekt, bitten Sie Ihren Partner, Kinder oder Mitbewohner um Rücksicht. Nur Sie wissen, ob Sie der Fernseher im Hintergrund stört, oder ob das Schreien der Kinder Sie verrückt macht. Andere wiederum inspiriert das Chaos, die Musik oder das Gezanke im Hintergrund. Sie kennen sich selbst am besten und wie hoch die Gefahr der Ablenkung ist. Handeln Sie danach. Schaffen Sie sich kleine Inseln der Ruhe, oder nutzen Sie die laute Energie zu Ihrem Vorteil.

Wecker stellen

Manchmal haben Sie nur kurze begrenzte Zeitspannen für Ihr Vorhaben. Nervös blicken Sie immer wieder auf die Uhr. Auf diese Weise verlieren Sie jedoch kostbare Minuten. Stellen Sie sich stattdessen einen Wecker, gerne auch am Smartphone. Dann werden Sie automatisch erinnert, wann Ihr Projekt vorerst beendet ist, und Sie sich wieder alltäglichen Aufgaben widmen müssen. Wenn Sie möchten, stellen Sie sich zusätzlich einen Alarm für die »Halbzeit«. So können Sie besser einschätzen, wieviel Zeit Ihnen noch bleibt. Am besten verwenden Sie einen sanften Klingelton oder langsame Musik, um beim Alarm nicht vor Schreck nach hinten umzufallen.

Ausreichend Schlaf

Schlafmangel ist nichts für Aufgeweckte. Es hört sich verführerisch an, abends noch schnell eine E-Mail zu schreiben oder Onlineshopping zu betreiben. Doch das blaue Licht des Bildschirmes sorgt dafür, dass Sie künstlich wachgehalten werden. Das Vorhaben, morgens eine Stunde früher aufzustehen, um noch dies und jenes zu erledigen, scheint im wachen Zustand noch eine gute Idee. Bis Sie morgens aus den warmen Federn müssen. Dann ist Schlaf das Einzige, woran Sie denken können. Ohne erholsamen Schlaf leidet auf Dauer Ihr Geist und Ihr Körper. Schlaf reinigt, regeneriert und schenkt Ihnen neue Energie. Sie spüren selbst, wieviel Schlaf Sie im Durchschnitt benötigen. Hören Sie auf Ihren Körper. Er sagt Ihnen, was er braucht. Auf diese Weise tanken Sie Kraft, die Sie in Ihrem Alltag und für Ihre Projekte reichlich gebrauchen können.

Spaß kommt zuerst

Ihr Vorhaben soll Ihnen Spaß und Erfüllung bringen und nicht zusätzlichen Stress, weil Sie es auf Teufel komm raus erledigen müssen. Sie müssen nicht jede freie Minute, die Sie sich in Ihrem turbulenten Alltag aus den Rippen leiern können, mit einem Projekt verbringen. Vergessen Sie nicht, sich regelmäßig Auszeiten zu nehmen. Diese können Sie natürlich auch als Projekt verkleiden, sei es Meditation oder ein Nickerchen halten. Der Knackpunkt von »Zeit für seine Projekte zu haben« ist, immer wieder Spaß und Entspannung zu finden. Und zwar, ohne dass das schlechte Gewissen an der Tür klopft.

Ändern von Gewohnheiten

> »Von Natur aus sind die Menschen fast gleich;
> erst die Gewohnheiten entfernen sie voneinander.«
> Konfuzius

Gestern haben Sie noch voller Elan beschlossen, jeden Abend die große Runde um den See zu laufen. Doch nach Feierabend sitzen Sie auf dem Sofa und gucken TV. Am Ball zu bleiben scheint in der Anfangsphase eine Herkulesaufgabe zu sein. Produktiv zu sein ergibt sich für die wenigsten Menschen von heute auf morgen. Für die meisten ist es eine Umgewöhnung, sich auf Projekte zu konzentrieren, statt vor dem Bildschirm zu sitzen. Der Mensch ist nun mal ein Gewohnheitstier. Sie greifen möglicherweise alle zehn Minuten nach Ihrem Smartphone. Sie haben es zum Teil Ihres Tagesablaufes gemacht, nach der Arbeit mehrere Runden Onlinespiele zu zocken oder Texte auf Social Media zu lesen. Sie kennen es nicht mehr anders. Abends schlafen Sie mit dem Smartphone in der Hand ein. Automatisch checken Sie am nächsten Morgen neue Nachrichten auf dem Tablet. Kein Wunder, dass Sie kaum eine freie Minute für Ihre Projekte finden. Das Positive am Ganzen: Sie haben sich dieses Verhalten einmal angewöhnt. Sie können es sich wieder abgewöhnen. Der Schlüssel zur Veränderung ist, diese Gewohnheiten auszutauschen.

Projekte statt Internet

Nutzen Sie Ihre Zeit konstruktiv und gehen Sie seltener online. Fragen Sie sich: Welche Projekte will ich in meinen Alltag integrieren? Finden Sie Aufgaben, die Ihnen Spaß machen, und die Ihre Gesundheit und Kreativität fördern. Entfalten Sie Ihre Fähigkeiten. Gehen Sie lieber eine Runde Spazieren, statt nach den neuesten Klamotten im Onlinekatalog zu suchen. Malen Sie ein Bild, statt auf Social Media die Fotos von Bekannten anzugucken. Führen Sie Spieleabende und Aktivitäten mit Ihrer Familie ein. Verzichten Sie stattdessen auf Filme, die man aus Langeweile konsumiert. Wenn Sie online gehen, dann gucken Sie sich nur Webseiten an, die Sie wirklich interessieren. Klappen Sie danach den Laptop zu. Eine Onlinediät einzuführen ist nicht leicht. Aber je mehr Sie spüren, wie gut sich Ihre neugewonnenen Verhaltensweisen anfühlen, umso mehr steigt Ihre Motivation, die neuen Rituale beizubehalten und weiterzuführen. Sie werden sich denken: Warum habe ich das nicht schon früher gemacht?

»Steter Tropfen höhlt den Stein«

Endlich haben Sie eine Leidenschaft entdeckt. Also nichts wie ran an Ihr Projekt! Am ersten Tag widmen Sie sich stundenlang und ohne Pause dem neuen Projekt. Aber am nächsten Tag ist schon die Luft raus. Sie rühren keinen Finger mehr. Verhindern Sie diese »Heiß und kalt«-Einstellung. Lassen Sie es lieber ruhig mit einem neuen Projekt angehen. Legen Sie sich am Anfang eine Zeitspanne fest, in der Sie konzentriert arbeiten. Setzen Sie sich dabei nicht unter Druck. Wichtig ist, Ihre Projekte konsequent zu beginnen: Sie haben sich vorgenommen, jeden Tag joggen zu gehen. Es nützt Ihnen wenig, wenn Sie voller Elan und Motivation zwei Stunden draußen laufen, nur um sich einen Tag später nicht mehr aufraffen zu können. Machen Sie lieber Schritt für Schritt weiter, als sich gleich völlig zu verausgaben und schließlich aufzuhören.

Jedes weitere Mal können Sie mehr und mehr Zeit in Ihre neue Angewohnheit investieren. Gehen Sie anfänglich zehn Minuten zum Joggen nach draußen, rechnen Sie ausreichend Pausen ein und steigern Sie sich langsam Tag für Tag. Immer-wieder-weitermachen kommt vor Einmal-viel-und-dann-nie-wieder. Lieber investieren Sie nur wenig Zeit, dafür aber immer wieder, als dass Sie sich ein einziges Mal Zeit nehmen und danach nie wieder. Können Sie sich absolut nicht von Ihrem Projekt losreißen, machen Sie gerne weiter — aber sorgen Sie dafür, dass diese Flamme der Motivation auch an den nächsten Tagen, Wochen und Monaten brennt.

Zeitpunkt clever wählen

Wählen Sie den passenden Zeitpunkt für den Projektbeginn aus. Am besten, wenn Sie die meiste Energie und Schöpfungskraft haben. Dann gelingt es auch mit der Durchführung. Auf diese Weise ist es einfacher, das Projekt in Ihren Alltag zu integrieren und es zur Gewohnheit werden zu lassen. Gehören Sie zu den Frühaufstehern, bietet es sich an, morgens eine Runde im Park zu drehen oder ins Fitnessstudio zu fahren. Es gibt aber auch die sogenannten Eulen, die besonders abends diese Energie besitzen. Manche sind morgens kreativ und legen mit ihrer Malerei los, andere erst nachts. Auch tagsüber lassen sich Projekte einbauen. Arbeiten Sie zum Beispiel viel am Computer, ist die Mittagszeit eine gute Zeitspanne, Dehnübungen einzubauen. Wenn Sie sich nicht sicher sind, welche Zeit für Ihr Projekt geeignet ist, probieren Sie es aus und ändern Sie ein paar Mal die Tageszeit. Meistens kommt zu einem bestimmten Zeitpunkt von ganz allein der Impuls, mit dem Projekt anzufangen.

Ausfallen lassen bedeutet nicht aufgeben

Setzen Sie sich einen passenden Zeitplan für das neue Projekt. Seien Sie jedoch nicht zu streng mit sich selbst. Nicht jedes neue Vorhaben muss täglich durchgeführt werden. Nicht jeder kann sich jeden Tag sportlich betätigen oder Figuren töpfern. Ob jeden Tag oder jeden zweiten, oder einmal im Monat: Versuchen Sie, den Zeitplan für Ihre Aktivitäten einzuhalten. Lassen Sie sich allerdings nicht entmutigen und vom Weitermachen abhalten, weil Sie ein- oder zweimal einen Projekttag ausgelassen haben. Das ist kein Grund, den Kopf hängen zu lassen und aufzugeben. Ärgern Sie sich nicht über sich selbst, das hilft Ihnen wenig. Dann müssen Sie eben neue Farbe besorgen, weil die alte eingetrocknet ist. Kramen Sie die halbfertige Mütze aus dem Karton und stricken

Sie weiter. Einmal oder auch mehrmals ein Projekt ausfallen zu lassen gilt nicht als Ausrede, komplett aufzuhören, weil es nun »sowieso zu spät ist«. Sehen Sie es als kreative und künstlerische Pause. Beginnen Sie einfach das nächste Mal mit Ihrem Projekt an dem Punkt, an dem Sie aufgehört haben.

Aktivitäten kombinieren

Sich neue Gewohnheiten anzueignen, ist einfacher, wenn Sie diese mit anderen verbinden. Die eine Aktivität bringt die nächste in Gang. Sie haben sich vorgenommen, mit Hilfe von Dehnübungen Ihren Rücken zu stärken und Ihr Italienisch aufzufrischen. Beides ist ideal zum Kombinieren. Lassen Sie die Italienischlektionen im Hintergrund laufen, während sie Ihre Übungen durchführen. Planen Sie, regelmäßig spazieren zu gehen und zusätzlich mehr auf Ihre Ernährung zu achten, nehmen Sie sich einen gesunden Snack nach dem Laufen vor. Zusammen ergibt dies einen gesünderen Lebensstil.

Wenn möglich, legen Sie sich immer passende Utensilien für Ihre Projekte bereit. Liegt Ihr Tablet in der Nähe, so dass der Italienischkurs jederzeit abgespielt werden kann, können Sie beim Stretchen gleichzeitig Ihre Sprachkenntnisse aufbessern. Legen Sie am Vorabend Ihre Laufschuhe neben die Tür, schlüpfen Sie morgens gleich in sie hinein und laufen los. Sie haben sich bereits im Kühlschrank ein leckeres Frühstück oder Smoothie mit viel Eiweiß bereitgestellt. Nach der gedrehten Runde draußen bekommt Ihr Körper jetzt Extra-Unterstützung beim Muskelaufbau und der Fettverbrennung. Somit steigern Sie durch das erfolgreiche Kombinieren von Aktivitäten Ihr Wohlbefinden.

Die Umgewöhnung kommt

Ihr Verhalten wird sich ändern. Darauf können Sie wetten. Sicherlich haben Sie bereits von den allzeit angepriesenen 21 Tagen bis sieben Wochen gehört, bis sich neues Verhalten als Gewohnheit manifestiert. Wie lange es auch dauern mag: Wenn Sie durchhalten wird der Zeitpunkt kommen, an denen die Durchführung Ihres Projektes zur Normalität wird. Bei jedem Menschen kann der Prozess der Verhaltensänderung unterschiedlich lang andauern. Wie es bei Ihnen ist, finden Sie früher oder später heraus. Je nach Projektart geht die Umgewöhnung etwas langsamer oder schneller voran. Wiederholen Sie immer wieder die Aktivitäten und loben Sie sich selbst, wenn Sie fleißig waren. Erzählen Sie auch Familie und Freunden von Ihrem Vorhaben. Gerade in der Anfangsphase kann soziale Unterstützung sehr hilfreich sein. Bevor Sie sich versehen, gehört das Erledigen von Aufgaben automatisch zu Ihrem Tages- oder Monatsablauf. Sie möchten Ihr Projekt nicht mehr missen, und bemerken die positiven Veränderungen. Durch die daraus entstehende Extra-Motivation wird das neue Projekt zu einem integralen Bestandteil Ihres Lebens.

Vermeiden der Perfektionsfalle

»Es ist besser, unvollkommen anzupacken,
als perfekt zu zögern.«
Edison

Sie haben Ihr Projekt gestartet und sind fleißig am Schaffen. Doch nichts scheint zu funktionieren. Der gebackene Kuchen sieht aus, als wäre ein Traktor darübergefahren. Sie sind stolz auf Ihre Zeichnung, aber keiner erkennt, ob Sie einen Hund oder eine Katze malen, obwohl es eigentlich ein Löwe sein soll. Nach stundenlangem Schuften in der Küche schmeckt das Essen nach gebratener Langeweile. Die richtige Menge an Gewürzen zu erwischen gleicht einem Wunder. Dass es angebrannt ist, macht es auch nicht besser. Korrigieren Sie Ihre Kurzgeschichte, schlafen Sie vor Langeweile fast ein. Was haben Sie sich nur dabei gedacht — dabei waren Sie letzte Woche noch begeistert von Ihrem Protagonisten und seiner Abenteuerreise.

Sie wollen Ihre Aufgabe so gut wie möglich erledigen, sind jedoch enttäuscht? Bevor Sie jetzt Ihre Zeichnung zerreißen oder Ihr Abendessen aus dem Fenster schmeißen, holen Sie tief Luft. Kein Grund zur Panik. Versuchen Sie, sich Fähigkeiten anzueignen, indem Sie weitermachen. Lassen Sie sich durch die Perfektionsfalle nicht von Ihrem Vorhaben abhalten. Das Perfektionsstreben können Sie für sich nutzen, indem Sie sich motivieren und das Beste aus sich herausholen.

Problematisch wird es jedoch, wenn der Perfektionsdrang Sie in Ihrem Tun bremst. Denn dann sehen Sie nichts anderes mehr als die vielen vermeintlichen Fehler. Nichts ist gut genug. Sie sind mit sich und Ihrer Leistung unzufrieden. An allem haben Sie etwas auszusetzen. Ihre vorgenommenen Ziele scheinen weit weg in der Ferne zu liegen. Was eigentlich Spaß machen sollte, wird zur Perfektionsfalle, die Sie aufhält. Freunde und Familienmitglieder feuern Sie an, aber mit sich selbst gehen Sie hart ins Gericht. Sie befolgen den Leitsatz der Selbstsabotage: Bevor Sie nicht alles perfekt machen, machen Sie lieber nichts. Sie trödeln, schieben auf, oder verabschieden sich für immer von Ihrem Projekt.

Steuern Sie bewusst gegen den übertriebenen Drang nach Perfektionismus. Lassen Sie sich reichlich Raum für Chaos und Unvollkommenheiten. Gelegentliche Missgeschicke und Rückschläge verhelfen oftmals zu einer neuen und aufregenden Richtung Ihres Projektes. Sie bringen einen Lerneffekt mit sich und fördern Ihre Kreativität. Machen Sie also weiter. Bleiben Sie entspannt, wenn Dinge ab und an nicht so laufen, wie sie sollen. Damit Sie auch weiterhin Freude an Ihren Projekten haben.

Keine Vergleiche online

Seien Sie vorsichtig, wenn Sie sich und Ihre Werke oder Ihr Können online vergleichen. Onlinesein ist mehr Schein als Sein. Die Selbstdarstellung im Netz erzwingt sozusagen, Perfektion zu präsentieren — oder was wir glauben, wie Perfektion auszusehen hat. Auf Social-Media-Plattformen bestaunen wir, wie andere Menschen leben und welche Projekte sie durchführen. Wir glauben, alle Aufnahmen spiegeln die Realität wider. Dabei vergessen wir gerne, dass jedes Foto und jedes Video in sozialen Netzwerken gut durchdacht ist. Wer auch immer eine Darstellung von seinem Werk hochlädt, achtet darauf, dass es im rechten Licht gerückt erscheint. Die präsentierte scheinbare Makellosigkeit verzerrt unsere Wahrnehmung. Wie viel Arbeit und Schweiß dahintersteckt, bekommen wir oftmals nicht gezeigt. Verzichten Sie also auf den ständigen Vergleich mit anderen online. Dadurch nehmen Sie sich nur die Freude an Ihren Projekten.

Mit Kritik und Misserfolg umgehen

Wir alle möchten unsere Arbeit gewürdigt wissen. Man hat viel Zeit, Energie und Nerven investiert, und ist stolz auf sein Werk. Plötzlich funktioniert der Zaubertrick nicht, unser Gitarrenspiel klingt seltsam, unser Gemälde oder Gedicht lösen keine Begeisterung oder sogar scharfe Kritik aus. Eine Gefahr für unser Selbstbild und unser kreatives Schaffen.

Unsere Werke öffentlich zu machen, oder unsere Fähigkeiten und Talente zu präsentieren, macht uns angreifbar. Sowohl negative als auch konstruktive Kritik kann verletzen. Schließlich sind es unsere Leidenschaften, die unter Beschuss stehen. Jeder von uns möchte schlechte Beurteilungen vermeiden.

Ärgern Sie sich nicht über die Urteile Ihrer Mitmenschen. Schützen Sie sich, indem Sie sich Kritik nicht zu sehr zu Herzen nehmen. Balancieren Sie gute und schlechte Meinungen aus. Lassen Sie Kritik nicht zu sehr an sich ran. Aber genauso lassen Sie sich Lob nicht zu sehr zu Kopf steigen. Jeder hat eine Meinung, und nicht alle stimmen überein. Was Kunst für den einen, ist Müll für den anderen.

Fragen Sie sich außerdem, von wem die negative Einschätzung kommt: Wollen diejenigen, die Ihr Werk oder Ihre Leistung bewerten, das Beste für Sie? Ist die Kritik konstruktiv? Können Sie sich dadurch verbessern? Oft kommt die Kritik von denjenigen, die es selbst noch nicht geschafft haben, ein Projekt fertigzustellen, geschweige denn anzufangen. Umso schneller sind diese Menschen darin, andere zu kritisieren. Wer selbst schon etwas auf die Beine gestellt hat, weiß um die Anstrengung, und erkennt die Arbeit von anderen eher an.

Nemo nascitur artifex

Blöd nur, wenn Sie mit Ihren Kritikern übereinstimmen. Im Nachhinein sehen Sie Fehler, die Ihnen vorher nicht aufgefallen sind. Das ist nervig, aber Sie lernen eben nie aus. Projekte sind Prozesse, aus denen man lernt, selbst wenn sie bereits beendet sind. Nur weil eine Sache nicht so lief, wie es geplant war, oder Sie eine Leistung nicht erbringen konnten: Das sagt nichts über Sie als Mensch aus. Es definiert nicht, wer Sie sind. Höchstens, wie Sie mit Unvorhergesehenem und Hindernissen umgehen. Versuchen Sie daher, Ihr Werk aus der Distanz zu betrachten. Behalten Sie Ihren Sinn für Humor. Es ist schließlich noch kein Meister vom Himmel gefallen! Schreiben Sie »Nemo nascitur artifex« auf einen Zettel und hängen Sie ihn an Ihre Pinnwand: »Niemand wird als Künstler geboren«.

Weitermachen

Konzentrieren Sie sich auf Ihre Ziele. Ein übertriebener Wunsch nach Perfektion lenkt Sie nur ab. Bleiben Sie ruhig und nehmen Sie Ihr Projekt trotz Unstimmigkeiten immer wieder in die Hand. Auf diese Weise geraten Sie nicht in Gefahr, Ihre Aufgabe jedes Mal aufzuschieben. Halten Sie sich nicht damit auf, nach kleinen Fehlern oder Unvollkommenheiten zu suchen. »Entweder es klappt alles, oder eben rein gar nichts«, ruft förmlich dazu auf, alles hinzuschmeißen. Zu hohe Anforderungen vermiesen den Spaß. Also richten Sie Ihre Aufmerksamkeit auf einen anderen Teil Ihres Projektes. Geben Sie nicht auf. Sagen Sie sich, dass Sie weitermachen. Im Zweifelsfall schauen Sie später noch einmal nach den Fehlern. Weiterzumachen trotz Unvollkommenheiten ermöglicht Ihnen einen Perspektivenwechsel. Dank einem anderen Blickwinkel sprudeln neue Ideen nur so aus Ihnen heraus.

Spaß statt Glanzleistungen

Seien Sie kreativ und toben Sie sich aus. Formen und erstellen Sie Ihre Werke, wie Sie es für richtig erachten. Setzen Sie sich dabei nicht unnötig unter Druck. Produktiv zu sein bedeutet nicht Perfektion. Was soll's, wenn Ihre Gedichte holprig sind, oder Sie ständig Kommas vergessen. Soll der Nachbar denken, der Katze sei etwas zugestoßen, weil sich Ihr Singen schief anhört. Wen interessiert es, dass Sie beim Töpfern zwei linke Hände haben. Oder dass Ihr Selbstporträt zur Karikatur Ihrer Selbst wird.

Fehler sind wie ein Kompass, der Sie erfolgreich auf den richtigen Weg leitet. Sie können immer aus Ihren Fehlern lernen. Daher: Es ist besser, Blödsinn zu erschaffen, als überhaupt nichts zu erschaffen. Allein ein Projekt auf die Beine zu stellen, führt dazu, dass Sie einen Schritt nach vorne machen. Sie sind Ihren Interessen und Leidenschaften gefolgt und haben Mut bewiesen. Sie haben produziert statt konsumiert. Sie haben Ihre Zeit genutzt und voll ausgelebt. Klopfen Sie sich selbst auf die Schulter und feiern Sie sich und Ihre noch so kleinen Kunstwerke und Errungenschaften.

Kontrolle abgeben

Letztlich fußt übertriebener Perfektionismus auf dem Versuch, das Endergebnis zu kontrollieren. So sehr Sie es aber auch versuchen mögen: Sie können nicht alles in Ihrem Leben kontrollieren. Stellenweise geht es drunter und drüber. Ihre Vorstellungen treffen nicht ein. Ihre Erwartungen werden enttäuscht. Sei es durch eigenes Verschulden oder durch das Verhalten von anderen. Manchmal scheitern Projekte. Eins ist jedoch gewiss: Aus diesen Misserfolgen werden Sie lernen. Jeder Prozess vermehrt Ihren Erfahrungsschatz. Das nächste Mal machen Sie es umso besser. Lassen Sie die Reise das Ziel sein. Beteiligen Sie sich aktiv am Leben und nutzen Sie Ihre Chancen.

Keine Lust und Muße

»Es ist ein großer Unterschied,
ob dein Leben in Muße oder in Trägheit hingeht.«
Seneca

Sie wollen sich Ihrem Vorhaben widmen, aber können sich nicht überwinden. Jeder kennt das Gefühl, sich nicht aufraffen zu können. Wenn die Bequemlichkeit erst einmal leise an die Tür klopft, scheint Motivation so weit weg zu sein wie das nächste Sonnensystem. Sie wollen heute Ihr Gedicht beenden, dennoch verlängern Sie immer wieder Ihre Pause und kein einziger Vers landet auf dem Papier. Eigentlich war ein Spaziergang geplant, aber bei dem Regen geht doch kein Hund vor die Tür. Ein Album von Ihrer Afrikareise wäre cool, aber Sie haben keine Lust, sich durch die Fotos zu wühlen. Je mehr Sie darüber nachdenken, sich mit einem Projekt zu befassen, umso schwerer fühlt es sich an, es tatsächlich in Angriff zu nehmen. Da klingt es verführerisch, den Fernseher oder das Internet anzumachen und sich stattdessen berieseln zu lassen. Ihr Masterplan, aktiv zu sein, ist vom Tisch. Es findet sich schließlich immer eine Ausrede: »Ich erledige es später«, »ist doch nicht so wichtig«, »ich mache es, wenn ich mehr Energie/Lust/Panik habe«. Je mehr Sie jedoch Ihr Vorhaben aufschieben, umso mehr wird es Ihnen Energie rauben. Da nützen auch die neuesten Apps mit To-Do-Listen auf Ihrem Smartphone nichts. Die erinnern einen zwar schön an eine Aufgabe und sind übersichtlich, aber von allein erledigen sich dadurch die Projekte auch nicht. Erst wenn Sie sich wieder Ihrem Projekt widmen und sich von der Fessel des Aufschiebens befreien, können Sie sich unbeschwert auf Ihren Weg machen.

Produzieren vor Konsumieren

Erledigen Sie zunächst Ihre Aufgaben. Haben Sie Ihr Projekt begonnen, können Sie immer noch jederzeit aufhören. Ablenkungen und Zerstreuungen laufen Ihnen nicht weg. Stoppen Sie sich, wenn Sie zur Fernbedienung oder Tablet greifen wollen. Fangen Sie konsequent mit Ihrem Projekt an. Sie können es sich später in Ihrer digitalen Hängematte bequem machen. Aber mit dem beruhigenden und erfüllenden Wissen, vorher bereits aktiv gewesen zu sein.

Beachten Sie immer die Reihenfolge, wenn Sie Zeit online oder vor dem Fernsehen verbringen wollen. Erst produzieren, dann konsumieren. Wollen Sie vor Ihrem Projekt noch schnell eine Minute online gehen, werden Sie an diesem Tag nicht mehr kreativ. Eine Minute online wird zu einer zwei, drei, vier... vierzig Minuten-Session. Fangen Sie besser zuerst mit Ihrem Projekt an.

Ein paar Minuten

Auch wenn Sie an dem Tag nicht sehr motiviert sind, oder sich innerlich alles dagegen strebt: Überwinden Sie sich, Ihr Projekt weiterzuführen, auch wenn es nur für fünf Minuten ist. Wenn Ihnen das zu ehrgeizig vorkommt, reichen auch zwei Minuten! Schreiben Sie eine Zeile für Ihr Gedicht. Gehen Sie kurz an die frische Luft. Sortieren und gehen Sie die Reisebilder des ersten Tages durch. In den meisten Fällen werden Sie förmlich in das Projekt hineingezogen. Die Zeit vergeht im Nu. Ihr Vorhaben bekommt mehr Tiefe. Ohne es zu merken, sind Sie in Ihrem Element. Auch wenn es sich nur um eine kurze Zeit handelt: Jeden Tag ein paar Minuten investiert und Sie kommen mit Ihrem Projekt voran.

Eigenlob stinkt nicht immer

Haben Sie eine Aufgabe für Ihr Projekt erledigt, loben Sie sich selbst in den höchsten Tönen. Schenken Sie sich selbst ein »Gut gemacht!« Klopfen Sie sich im Geiste auf die Schulter und schmeißen Sie innerlich eine kleine Party. Sie sind der Stargast. Fühlen Sie sich danach, können Sie Ihren Fortschritt auch gerne von den Dächern rufen. Sie haben es schließlich geschafft und sich aufgerafft. Seien Sie stolz drauf!

Neuer Aufwind

Wenn Sie sich für Ihre Projekte aufraffen, werden Ihnen andere Erledigungen auch viel leichter von der Hand gehen. Die Befriedigung, sich dem Projekt gewidmet zu haben, obwohl Sie erst keine Lust hatten, schenkt Ihnen neuen Aufwind. Sie fühlen sich gut, und können nun diese positive Energie nutzen, weitere Aufgaben zu erledigen. Dies strahlt sich auf andere Lebensbereiche aus. Sie haben mehr Motivation und wissen, wie Sie sich zum Weitermachen motivieren. Aufgaben verschwinden nach und nach von Ihrer Projekt-To-Do-Liste. Herzlichen Glückwunsch! Sie sind mindestens einen Schritt weiter, einen erfüllenden Tag zu verbringen. In der Überwindung liegt das Geheimnis. Was als unmöglich erscheint, wird möglich, weil Sie weitermachen und nicht aufgeben.

Gut Ding will Weile haben

> »Wer bei Kleinigkeiten keine Geduld hat,
> dem misslingt der große Plan.«
> Konfuzius

Mit einem Klick zur nächsten Darbietung, zur nächsten Information und zur nächsten Errungenschaft. Mitmischen in einer Welt, in der es schnell gehen muss. Die Vorstellung, den Anschluss zu verlieren, erfüllt uns mit Grauen. Sofortige Verfügbarkeit wird mit Erfolg gleichgesetzt. Dabei vergessen wir: Im Leben ist selten alles mit einer Fingerbewegung erledigt. Unterliegen wir der Illusion, dass es immer schnell gehen muss, haben wir keinen langen Atem mehr, wenn etwas nicht sofort läuft. Wir sind ungeduldig und schmeißen die Aufgabe hin. Dauert der Prozess zu lange, kommen wir schnell zu dem Schluss, dass unser Vorhaben sowieso nicht funktionieren wird.

Auch wenn Sie Spaß an Ihrem Projekt haben, kann Ihnen ein lang andauernder Vorgang bisweilen zu viel sein. Besonders, wenn Sie ungeduldig werden und sich fragen, warum Sie Ihr Ziel noch nicht erreicht haben. Ein größeres und langfristiges Projekt fordert unsere Geduld heraus. Ihr Vorhaben, ein Gedichtband zu veröffentlichen, geschieht schließlich nicht über Nacht. Der Schreibprozess erfordert Durchhaltevermögen. Nun haben Sie es geschafft! Aber beim letzten Durchlesen stellen Sie fest, dass noch einiges korrigiert werden muss. Plötzlich gefällt Ihnen weder die Thematik noch die Reime Ihrer Gedichte. Die Motivation, den gesamten Text zu korrigieren sinkt, je mehr Sie sich Ihre Gedichte anschauen. Bevor Sie sich versehen, liegt Ihr Projekt auf Eis.

Lassen Sie sich aufgrund von Rückschlägen nicht von etwas abbringen, was Ihnen Freude und Schönheit im Leben bringt. Sich Zeit zu lassen und den Prozess zu akzeptieren, schenkt Ihnen Ruhe und Gelassenheit. Auch wenn es zeitweise anstrengend ist: Die Tatsache, nicht aufgegeben zu haben, bereichert Sie sehr und steigert Ihr Selbstwertgefühl. Sie können schaffen, was Sie sich vorgenommen haben. Diese wertvolle Erkenntnis gibt Ihnen immer wieder Aufwind für neue Aktivitäten.

Schritt für Schritt

Sie sind beschäftigt mit dem Stricken einer Jacke. Doch die Maschen sind so verdreht, dass Sie nicht wissen, wie Sie das gute Stück jemals fertigbekommen sollen. Am liebsten würden Sie alles hinschmeißen. Doch Moment: Lassen Sie kurz außen vor, wie das Endergebnis aussehen soll. Konzentrieren Sie sich stattdessen auf die einzelnen Schritte und auf die Aspekte, die Sie aktiv bearbeiten und lösen können. Stricken Sie zum Beispiel bis zur Fehlermasche rückwärts und fangen Sie von dort erneut an. Vielleicht müssen Sie auch nach einer besser verständlichen Anleitung suchen. Sie machen sich nur verrückt, wenn Sie all Ihre Energie auf das Endergebnis bündeln. Sich mehr auf die einzelnen Schritte zu konzentrieren, wird Sie zuletzt sicher zum Endergebnis führen.

Je mehr Sie sich mit einem Sachverhalt auseinandersetzen, umso besser wird Ihr Verständnis dafür. Das Wissen, welches Sie sich aneignen, wird Ihre Fertigkeiten verbessern und Ihnen eine bessere Vorstellung von Ihrem Projekt geben. Halten Sie daher durch.

Zwischen Projekten wechseln

Sie lieben es, zu meditieren, aber genauso gerne tanzen Sie zu Rockmusik. Wechseln Sie zwischen diesen Aktivitäten. Haben Sie Schwierigkeiten, ein Projekt durchzuführen, liegt Ihnen das andere an diesem Tag vielleicht mehr. Manche Menschen brauchen die Abwechslung. Rotieren Sie auch innerhalb eines Projektes: Haben Sie keine Lust mehr, eine Hose zu nähen, machen Sie zunächst mit einem Kleid weiter. Ihre Kekse kommen Ihnen zu den Ohren raus? Backen Sie als nächstes eine Torte. Sie fertigen mit Begeisterung Landschaftsgemälde an, aber haben heute Lust auf wildes Gekritzel auf Ihrem Block. Statt Tennis zu spielen, gehen Sie in einen Yoga-Kurs. Ob Wechsel oder Beständigkeit bei Ihren Projekten: Entscheiden Sie, was Ihnen an dem Tag Spaß macht und guttut.

Dankbarkeit praktizieren

Wenn Sie Unzufriedenheit plagt, ist die beste Medizin das Praktizieren von Dankbarkeit. Verwandeln Sie einen nicht-so-idealen Moment in einen Moment der Dankbarkeit. Dadurch konzentrieren Sie sich auf positive Aspekte und bleiben nicht an den negativen hängen. Sind Sie zum Beispiel darüber verärgert, dass Sie nach wochenlangem Training immer noch nicht mehr als fünf Minuten am Stück joggen können: Denken Sie an die Zeit, in der Sie nur vor dem Fernseher saßen. In der Sie aus der Puste waren, wenn Sie sich von der Couch erheben mussten. Danken Sie stattdessen Ihrem Körper für seine Arbeit. Seien Sie dankbar, sich immer wieder zum Joggen aufraffen zu können. Loben Sie sich für Ihre Fähigkeit des Durchhaltens. Halten Sie sich immer wieder vor Augen, wie weit Sie bereits mit Ihrem Projekt gekommen sind. Erinnern Sie sich daran, wie viel Arbeit und Energie Sie aufgebracht haben. Machen Sie eine Pause, anstatt Ihr Projekt hinzuschmeißen.

Sie geben es ungern zu, aber bisher ist das einzige, was Sie haben, eine Idee für Ihr Projekt? Sie haben noch keinerlei Schritte unternommen, diesen Einfall umzusetzen. Doch das stimmt nicht so ganz, denn auch eine Idee oder ein Traum zählen als Leistung. Nun haben Sie einen wunderbaren Ausgangspunkt für die Umsetzung.

Selbst wenn Ihnen noch keine Idee gekommen ist: Es fällt leichter, aufzuzählen, was zum Glück fehlt, als für das dankbar zu sein, was man bereits besitzt. Dabei macht es mehr Spaß, sich daran zu erfreuen, was man hat, anstatt daran zu verzweifeln und sich zu ärgern, was man haben könnte.

Flow finden

Haben Sie ein spannendes und interessantes Projekt gefunden, läuft es wie von selbst. Nach und nach sehen Sie, wie Ihre Lehmstatue Gestalt annimmt. Sie begleiten endlich Ihren Gesang mit den richtigen Akkorden. Ihr Hund versteht langsam den Unterschied zwischen Sitz und Platz, und dass es sich für ein Leckerli lohnt, auf Frauchen und Herrchen zu hören. Ein Glücksgefühl macht sich breit. Wenn Sie intensiv an Ihren Projekten arbeiten, verlieren Sie jegliches Zeit- und Ortsgefühl. Sie gehen in Ihrer Tätigkeit auf. Völlig vertieft in das Projekt, blenden Sie andere Aufgaben aus. In der Psychologie nennt man diesen Zustand »Flow«. Er entsteht, wenn Sie auf ein Ziel hinarbeiten und sich einer Aufgabe widmen, die Ihnen Spaß macht. Einzige Bedingung: Die Aufgabe darf Sie gerne herausfordern, aber sie sollte machbar sein. Es gehört nämlich zum Flow, immer wieder Fortschritte zu sehen. Dies macht glücklich und motiviert, weiterzumachen. Sehen Sie für sich selbst und erreichen Sie Ihren Flow.

Erfolg visualisieren

Nutzen Sie Ihre Fähigkeit, in Ihre Wünsche und Vorstellungen einzutauchen und diese zu visualisieren. Setzen

Sie dieses Potential gezielt ein. Überlegen Sie sich im Geiste, wie Ihr Projekt aussehen soll. Tagträumen Sie. Malen Sie es sich in bunten Farben aus. Visualisieren Sie, wie sich Ihr Bild mit Pinselstrich zu Pinselstrich immer mehr formt. Stellen Sie sich vor, wie Sie vor Ihrer Leinwand stehen und Ihr Werk bewundern. Die Sonne scheint hinein und lässt die Farben strahlen. Wie fühlen Sie sich dabei?

Versetzen Sie sich in Ihre gute Laune hinein. Sehen Sie sich selbst beim Sportübungen machen. Wie gut die Bewegung Ihrem Körper tut. Wie es sich für Sie anfühlt, von »Herabschauender Hund« in die nächste Yoga-Position gleiten. Wie stolz Sie sind, körperlich aktiv zu sein. Und dass Sie der Muskelkater am nächsten Tag daran erinnert, wie fleißig Sie gewesen sind. Bonus dieser Art von Visualisierung: Forscher behaupten, Muskeln werden trainiert, wenn das Gehirn an die Übungen denkt. Auch einen Waldspaziergang können Sie gut visualisieren. Riechen Sie die frische Luft, hören Sie die Vögel singen und die Steinchen unter Ihren Schuhen wegspringen. Wetten, dass Sie sich jetzt motivierter fühlen, Ihre Jacke zu holen und loszumarschieren.

Denn bei den Tagträumen bleibt es nach Visualisierungen nicht. Indem Sie sich Ihre Vorhaben vorstellen, motivieren Sie sich, diese durchzuführen. Ihr Selbstvertrauen, ein Projekt durchzuführen, wird täglich größer. In Ihren Gedanken haben Sie es schließlich bereits geschafft. Ihre Konzentration bündelt sich. Diese Energien führen dazu, dass Sie die Aufgaben mit Freude erledigen. Sie können immer und überall Ihre Visualisierungen durchführen. Besonders geeignet: Beim Zähneputzen, beim Abendessen oder bei der morgendlichen Ruhe vor dem Sturm. Wann immer Sie eine Minute finden.

Wissen, wann Schluss ist

Tatsächlich kann der Moment kommen, in dem Sie ernsthaft überlegen, Ihr Projekt aufzugeben. Die Reise ist das Ziel — aber wenn der Weg auf Dauer keinen Spaß bringt, ist es an der Zeit, einen anderen zu wählen. Zu wissen, wann man aufhören sollte, und wann lieber nicht, ist wichtig. Lassen Sie sich nicht beirren, wenn Interessen schwanken. Je nach Lebensphase und Lebensumständen ändern sich diese. In manchen Fällen passt das Projekt nicht mehr zu Ihnen. Der Gedanke war gut gemeint, aber auf Dauer nicht umsetzbar. Quälen Sie sich nur noch mit Ihrem Projekt ab, ist es an der Zeit, sich zu verabschieden. Vielleicht finden Sie später zurück, vielleicht auch nicht. Folgen Sie Ihrem Gefühl. Stellen Sie nur sicher, dass Sie nicht eine fadenscheinige Ausrede vorschieben. Sitzfleisch, Ehrgeiz und Durchhaltevermögen schaden nicht. Aber Ihr Projekt soll Ihnen Vergnügen und Zufriedenheit bringen. Ihre Leidenschaften genießen zu können ist das A und O. Sonst landen Sie früher oder später wieder vor dem Fernseher oder sitzen stundenlang mit dem Tablet auf der Couch.

Abschließende Worte

Hoffentlich hat Ihnen das Buch nützliche Tipps und Anhaltspunkte gegeben für einen aktiven, kreativen und selbstbestimmten Alltag. Lassen Sie den Laptop ruhig mal aus und schauen Sie nicht alle fünf Minuten auf Ihr Smartphone. Widmen Sie sich einer Ihrer Leidenschaften. Lassen Sie sich von Ihren Ideen mitreißen und haben Sie Freude an Ihrem Projekt. Es liegt in Ihrer Hand. Ihre Kreativität und Tatkraft begleiten Sie auf Ihrem Weg zu mehr Zufriedenheit. Viel Spaß bei Ihren Projekten!

Die Autorin

Aufgewachsen in einem idyllischen Ort in Hessen, lebt die Autorin Mina Homann zurzeit im pulsierenden Herzen des Ruhrgebiets. Sie studierte Kultur- und Medienwissenschaften und verfasst u. a. Texte, die zu einer authentischen und selbstbestimmten Lebensweise anregen.

Für einen bewussten Umgang mit dem Internet

ISBN 978-3-740-72633-1

Wir sind online. Und das zu jeder Tageszeit. Mit jedem Klick
auf der Suche nach dem nächsten Kick.
Eine Selbstverständlichkeit, die wir nicht missen möchten.
Aber warum sind wir immer online? Welchen Einfluss hat
dieser Internetfokus auf uns, unsere Gesundheit
und unsere Beziehungen?

»Go Offline: Weniger Internet — Mehr Leben« zeigt, wie Sie
sich der digitalen Rund-um-die-Uhr-Erreichbarkeit und dem
Zwang der ständigen Online-Präsenz widersetzen. Denn: Internet raubt Zeit, Kraft und Nerven. Mit Mina Homanns Online-Life-Balance lernen Sie, Grenzen zu setzen, dem Gruppenzwang zu widerstehen und achtsam zu leben.

TWENTYSIX

Das Elternbuch
für einen bewussten Umgang mit dem Internet

ISBN 978-3-740-73389-6

»Mach mal das Ding aus!«, rufen Sie zum dritten Mal ins Kinderzimmer. Doch Ihr Kind klickt weiter und kann sich nicht von seinem Lieblingsspielzeug losreißen. Bevor Sie jetzt das Tablet aus dem Fenster schmeißen, holen Sie tief Luft.

Mina Homanns Ratgeber begleitet Sie durch die Höhen und Tiefen eines Familienalltags im digitalen Zeitalter. Sie erhalten hilfreiche Tipps, wie Sie auf entspannte Art und Weise den Internetkonsum Ihres Kindes regulieren und minimieren.

»Kind im Haus, WLAN aus: Weniger Internet für glückliche und erfolgreiche Kinder« gibt zahlreiche Handlungsempfehlungen, die sich leicht in die Praxis umsetzen lassen.

TWENTYSIX